RERUM
COGNOSCERE
CAUSAS.

G

Les Coueur de Tables chron. et hist. passeront aunar Guill Marcet, lenglet du fresnoy (la Dit. la
plus compltte de ce table ott sont 1763, d° 3 vol, et 1778 8° 2 vol). Chevet de Nantsigny, l'abb d'Estrées, le ?
B D. L. t. ; Renaudot, Matth. Radere; christ. Helvicus, H. de l'Isle, Gaultier, de Valler, l'abb Raynal
et toutes les chroniques). ?

Doublé à conserver.

8059

TABLES
CHRONOLOGIQUES,

POUR SERVIR
À
L'HISTOIRE UNIVERSELLE,
ET À CELLE
DES ÉTATS DE L'EUROPE.

A STRASBOURG,

Chez JEAN-FRÉDÉRIC STEIN, Libraire, rue des Serruriers. 1772.

AVEC APPROBATION ET PERMISSION.

PRÉFACE.

L'UTILITÉ *du Droit Public eſt ſi généralement reconnue de nos jours, que l'on regarde cette étude comme la partie la plus eſſentielle d'une éducation diſtinguée. C'eſt pour acquérir ces connoiſſances, auſſi utiles que convenables à un homme de Qualité, que grand nombre de jeunes Seigneurs, tant français qu'étrangers, ſe rendent à Strasbourg. Mais avant de commencer leurs cours, la plupart ſe croient obligés d'en faire un d'Hiſtoire générale, pour apprendre à placer avec ordre la ſuite des événemens qu'ils connoiſſent déja. Ayant eu l'honneur de donner des leçons dans cette partie à quelques-uns d'entr'eux, j'ai compoſé ces Tables Chronologiques, pour leur en faciliter l'étude. Deſtinées à mon uſage particulier, elles n'auroient point paru au grand jour, ſi j'avois cru devoir me refuſer aux inſtances qu'ils m'ont faites de les rendre publiques. Perſuadé qu'on ne peut être trop exact dans un ouvrage de ce genre, j'ai eu recours aux lumieres de pluſieurs Sçavants de notre Univerſité ; & je puis dire que ſans leurs conſeils, & ſur-tout ſans les bontés de M. LORENZ (*) ces Tables Chronologiques auroient été bien imparfaites.*

On s'eſt principalement attaché à mettre beaucoup d'ordre, de clarté & de préciſion dans ces Tables, & à nommer les principaux Hiſtoriens, qui ſont à conſulter ſur les différens événemens

---

(*) M. LORENZ, Profeſſeur d'Éloquence & d'Hiſtoire, a publié l'a. 1770 en latin des *Tables Chronologiques de l'Hiſtoire ancienne juſqu'à l'an d. M. 4000*, à la ſuite d'une Diſſertation critique, où il examine l'année de la Naiſſance de J. Chriſt. Ces Tables m'ont été d'un très-grand ſecours, & ſont beaucoup au-deſſus de mes éloges.

Il y a pluſieurs années que le même M. LORENZ a fait auſſi imprimer en allemand des *Tables Chronologiques ſur l'Hiſtoire Univerſelle*, au nombre de ſept. Ce ſont celles-là proprement qui m'ont ſervi de baſe.

qui y font indiqués. *Nous efpérons de nos lecteurs, qu'ils voudront bien avoir quelque indulgence pour les fautes, qui font prefque inféparables d'un ouvrage auffi épineux. Peut-être auroiton defiré que nous fuffions entrés dans un plus grand détail par rapport aux événemens de l'Hiftoire de France & d'Allemagne, qui nous intéreffent plus particuliérement. C'étoit notre intention; mais nous avons cru devoir abandonner ce projet, dans la crainte de rendre ces Tables trop diffufes. Si elles peuvent paroître de quelque utilité, & être bien reçues du Public, fon fuffrage nous encouragera à donner fur le même plan & dans le même format, l'Hiftoire de France & d'Allemagne féparément.*

On a imprimé à Laufanne l'année derniere un ouvrage, qui a pour titre : Tableau des révolutions de l'Europe, depuis le bouleverfement de l'Empire d'Occident jufqu'à nos jours. *Comme ce livre eft entre les mains de tous ceux qui étudient l'Hiftoire à Strasbourg, nous avons cru devoir indiquer, par de grands chiffres, les huit périodes dans lefquelles l'Hiftoire Moderne y eft partagée.*

Ces Tables Chronologiques feront fuivies, dans peu, de Tables Généalogiques, auffi néceffaires que les premieres. On y comprendra les Familles Royales, qui ont fucceffivement occupé les trônes de l'Europe, & les douze Maifons Princieres de l'Allemagne.

TABLEAU GÉNÉRAL DE L'HISTOIRE UNIVERSELLE.

HISTOIRE ANCIENNE.

A. d. M.					
1.	CRÉATION DU MONDE.				
1656.	DÉLUGE UNIVERSEL.				

A. d. M.	ASIE.		AFRIQUE.	EUROPE.	
	JUIFS.	AUTRES NATIONS.		GRÈCE.	ROME.
2083.	Vocation d'*Abraham*.				
2421.				Cécrops bâtit Athènes.	
2513.	Sortie des Israélites de l'Égypte.				
2794.				Prise de *Troie* par les Grecs.	
3000.	Dédicace du Temple de Jérusalem				
3034.	par *Salomon*.		Monarchie des Égyptiens fondée par *Sésostris*.	Ère des Olympiades.	
3226.					
3234.		Monarchie des Assyriens.	Décadence de la Monarchie des Égyptiens.		
3249.					ROME bâtie.
3255.		Ère de *Nabonassar*.			
3442.		Décadence de la Monarchie des Assyriens. *Cyrus*, premier R. de Perse.			
3463.	Retour des Juifs de la captivité de Babylone.	Monarchie des Perses.			Expulsion des Rois.
3493.					
3672.		Fin de la Monarchie des Perses.		Monarchie des Grecs fondée par *Alexandre* le Grand.	Les Romains maîtres de l'Italie.
3738.				L'Empire d'Alexandre est divisé en trois royaumes.	

L'Empire d'Alexandre est divisé en trois royaumes.

A. d. M.	JUIFS.	AUTRES NATIONS.	AFRIQUE.	MACÉDOINE.	SYRIE.	ÉGYPTE.	ROME.
3814.				Subjuguée par les Romains.			
3936.					Subjuguée par les Romains.		
3972.						Subjuguée par les Romains.	
3975.							AUGUSTE seul maître de l'Empire Romain.
4000.	NAISSANCE DE JÉSUS-CHRIST : *Ère Chrétienne*.						

A. J. C.	EMPIRE DES ROMAINS.
70.	Ruine de Jérusalem ; fin du culte religieux des Juifs.
314.	Constantin embrasse la religion chrétienne.
330.	Constantin transfere de Rome à Constantinople le siége de l'Empire.
395.	Théodose partage l'Empire Romain en Empire d'*Orient* & en Empire d'*Occident*.

A. J. C.	EMPIRE D'ORIENT.	EMPIRE D'OCCIDENT.	
	Arcadius Empereur.	*Honorius* Empereur.	
406.		Irruption des Barbares dans les provinces Romaines.	
415.		Royaume d'ESPAGNE fondé par les Visigoths.	
431.		Royaume de FRANCE fondé par *Clodion* R. des Francs.	
450.			Royaume d'ANGLETERRE, fondé par les Angles & les Saxons.
476.		BOULEVERSEMENT DE L'EMPIRE ROMAIN EN OCCIDENT.	

TABLEAU GÉNÉRAL DE L'HISTOIRE UNIVERSELLE.

HISTOIRE MODERNE.

A.J.C.	ESPAGNE ET PORTUGAL		FRANCE ET ALLEMAGNE		HOLLANDE.	POL. HONG.	ANGLETERRE.	ROYAUMES DU NORD.	EMPIRE D'ORIENT.
622.								L'Origine des royaumes de Dannemarc & de Suède se perd dans les ténèbres de l'antiquité.	Commencement de l'Hégire & de l'Empire des Sarrasins, fondé par *Mahomet*.
712.	Les Sarrasins s'emparent de l'Espagne & en chassent les Visigoths								
752.			*Pepin le bref*. Chef de la race des *Carlovingiens*.						
800.			CHARLEMAGNE R. de France, d'Italie & de Germanie rétablit l'Empire Romain en Occident.						
827.							*Egbert* réunit les royaumes des Angles & des Saxons.		
843.			*Paix de Verdun* : les fils de *Louis le Débonnaire* partagent entre eux l'Italie, la France & l'Allemagne.	*Louis le Germanique* fonde le royaume d'*Allemagne*.					
862.								Commencement de la Principauté des Russes à Novogrod.	
963.				*Otton I.* de la race *Saxonne* réunit l'Italie & la couronne impériale à l'Allemagne.					
987.			*Hugue Capet* R. Chef de la race des *Capétiens*.						
1001.						La *Hongrie* érigée en royaume.			
1025.				*Conrad II.* Chef des Empereurs *Franconiens*.					
1066.							*Guillaume le Conquérant*, Chef des Rois *Normans*.		
1138.				*Conrad III.* Chef des Empereurs *Souabes*.					
1139.		La *Portugal* érigé en royaume par *Alfonse I.*							
1156.							*Henri II*, Chef des Rois de la maison de *Plantagenet*.		
1254.				Le grand Interrègne.					
1273.				*Rodolphe I.* de Habsbourg. E.					
1295.						La *Pologne* érigée en royaume.			
1298.				*Albert I.* Chef des Empereurs de la maison d'*Autriche - Habsbourg*					
1300.									*Ottoman* jette les fondemens de l'Empire des Turcs dans l'Asie mineure.
1315.				Origine de la liberté des *Suisses*.					
1440.				Invention de l'*Imprimerie*.					
1453.									PRISE DE CONSTANTINOPLE par les Turcs : Ruine du Bas-Empire.
1485.							*Henri VII*, Chef des Rois de la maison de *Tudor*.		
1492.	*Ferdinand le Catholique* réunit toute l'Espagne : Découverte de l'*Amérique*.								
1498.		Découverte des *Indes Orientales*.							
1516.	*Charles I.* d'Autriche R.								
1517.				Commencement de la réformation par *Luther*					
1579.					Union d'Utrecht, base de la liberté des Hollandais.				
1589.			*Henri IV.* de la branche de *Bourbon* R.						
1603.							*Jacques I*, Chef des *Stuarts* réunit l'Écosse à l'Angleterre.		
1640.		*Jean IV*, Duc de de Bragance, R.							
1648.				Paix de Westphalie.					
1698.								*Pierre I.* change l'état de la Russie.	
1700.	*Philippe V*, de la maison de France. R.								
1701.								La *Prusse* érigée en royaume.	
1714.							*George I*, Chef des Rois de la maison de *Hannovre*.		
1740.				Extinction de la maison d'*Autriche-Habsbourg*.					

A. d. M.		
I.	CRÉATION DU MONDE. *Adam.*	
1056.	*Noé.*	
1656.	DÉLUGE UNIVERSEL.	
1757.	Dispersion des Peuples sur toute la terre. *Genèse. Ch. XI. v. 8.*	

A. d. M.	ASIE		AFRIQUE	EUROPE
	JUIFS	**AUTRES NATIONS**		
1800.		*Nemrod*, premier R. de Babylone. *Assur*, premier R. d'Assyrie. *Gen. X.*	*Menès* ou *Mesraïm*, premier R. d'Égypte, *Chronogr. de Syncelle p. 91.* & auteur de l'Idolâtrie. *Diodore de Sicile L. I. Ch. 45. Hérodote L. II. Ch. 4.* — **R. DE THÈBES.** *Thaut* ou *Mercure I.* Roi, invente l'art d'écrire. *Eusèbe préparation évangélique L. I. Chap. 9.* — **R. DE MEMPHIS.** *Tosorthrus* ou *Esculape*, R. invente la Médecine & l'Architecture. *Syncelle Chron. p. 56.*	
2008.	*Abraham,*			
2083.	Vocation d'Abraham.			*Phoronée*, premier R. d'Argos. *Pausanias L. II. 15.*
2160.	. . . .	. . . .	. . . .	
2315.	Mort de *Jacob* en Égypte.	. . . .	. . . .	*Cécrops*, premier R. d'Athènes. *Marbres d'Oxford.*
2421.	. . . .	. . . .	. . . .	*Cadmus*, premier R. de Thèbes, enseigne aux Grecs l'art d'écrire. *Tacite XI. 14.*
2484.	. . . .	. . . .	. . . .	
2492.	. . . .	. . . .	. . . .	*Danaüs* arrive le premier par mer dans la Grèce.
2513.	Sortie des Israélites de l'Égypte ; *Loi écrite.*	. . . .	. . . .	
2610.	. . . .	. . . .	*Siphoas* ou *Mercure II.* règle l'année. *Strabon L. XVII. p. 816. Diodore de Sicile I. 50.*	
2700.				Expédition des *Argonautes* dans la Colchide. *Diodore de Sicile L. IV. Ch. 40.*
2794.	. . . .	. . . .		*Minos II.* R. de Crète, fait construire la première flotte ; *Dédale* invente les voiles. *Thucydide L. I.* Prise de *Troie* par les Grecs. *Marbres d'Arundel.*
2874.	. . . .	. . . .	. . . .	Les descendans d'*Hercule* s'emparent du Péloponèse & en chassent les *Pélopides. Thucydide L. I.*
2909.	*Saül*, premier R. d'Israël.			
2949.	*David*, R. *L. I. des Rois Chap. 4.*			
2989.	*Salomon*, R.			
3000.	Dédicace du Temple de Jérusalem par Salomon.			

A.d.M.	AFRIQUE	ASIE			EUROPE		
	ÉGYPTE	ASSYRIE	PERSE	JUDÉE	GRÈCE	A.F.R.	ROME
3029.				Le Royaume d'Israël est partagé en Royaume de			
3034.	Séfostris fonde la MONARCHIE			Juda, où regne Roboam. & en Royaume d'Israël, où regne Jéroboam.			
3118.	D'ÉGYPTE. Diodore de Sicile I. 55.				Commencement des Jeux Olympiques. Chronique d'Eusèbe. Lycurgue, Législateur des Lacédémoniens. Ère des Olympiades.		
3140.							
3226.							
3234.	Décadence de la Monarchie des Égyptiens. Hérodote II. 137. 152.	Phul fonde la MONARCHIE DES ASSYRIENS. II. L. des Rois Ch. 15.				1.	ROME bâtie par Romulus. Plutarque.
3249.							
3255.		Ère de Nabonassar R. de Babylone.					
3259.		Téglatpalassar R. soumet la Syrie & la Chaldée.					
3270.		Salmanassar soumet la Samarie.		Fin du Royaume d'Israël.		39.	Numa Pompilius, R.
3287.							Il règle le culte des Dieux. Denys d'Halicarn. II. 63.
3321.		Asserhaddon R. se rend maître de Babylone.				82.	Tullus Hostilius, R. Il détruit Albe la longue.
3330.							
3362.						114.	Ancus Martius, R. Il bâtit le Port d'Ostie.
3386.						138.	Tarquin l'ancien, R. Il soumet une partie du Latium.
3403.		Nabuchodonosor II. soumet la Judée.		Ruine de Jérusalem & du Royaume de Juda.			
3407.	L'Égypte passe sous la domination des Assyriens. Joseph Antiq. X. 9.	Nabuchodonosor II. subjugue l'Égypte.					
3408.					Solon, Législateur des Athéniens. Chron. d'Eus.		
3424.						176.	Servius Tullius, R. Il établit le Cens.
3442.		Belsazer est détrôné par Darius le Mède & par Cyrus, qui partagent l'Empire entr'eux.	Cyrus, premier R. de Perse, fonde la MONARCHIE DES PERSES.				
3454.			Cyrus défait Crésus & soumet l'Asie mineure. Hérodote I. 28.				
3463.			Prise de Babylone par Cyrus.	Retour des Israélites de la captivité de Babylone. II. L. des Chroniques Ch. 33.		220.	Tarquin le superbe, R.
3468.							
3472.			Cambyse R. Canon de Ptolémée.				
3476.	L'Égypte passe sous la domination des Perses.		Cambyse soumet l'Égypte.				
3481.			Darius, fils d'Hystaspe, R.				
3486.				Second Temple de Jérusalem bâti.		245	Expulsion des Rois: Rome se met en liberté. Denys d'Halicarn. V. 1.
3493.							
3500.							

A. d. M.	ASIE — PERSE	GRÈCE	A. F. R.	EUROPE — ROME
3509.				
3512.	Les Perses sont défaits par les Athéniens près de Marathon. *Hérodote L. VI. 113.*		261.	Retraite du peuple Romain sur le mont sacré ; on crée cinq *Tribuns* peuple.
3516.	*Xerxès*, R. *Canon de Ptolémée.*			
3522.	Défaite des Perses près de Salamine.			
3523.	Défaite des Perses près de Platée & de Mycale.			
3532.	*Cimon* bat les Perses deux fois en un même jour, par mer près de Chypre, & par terre près du fleuve Eurymédon.			
3537.	*Artaxerxès I*, R.			
3571.		Première guerre civile : Guerre du Péloponèse. *Thucydide.*	303.	*Loi des XII Tables.*
3575.			305.	Les Plébiscites ont force de loi.
3578.	*Darius II.* Nothus R.		327.	Le Droit de faire la paix & la guerre est transféré du Sénat au Peuple.
3597.	*Artaxerxès II.* Mnémon, R.	Les Athéniens sont entièrement défaits par les Lacédémoniens près du fleuve Agos. *Diodore de Sicile XIII. 105.*		
3601.	*Cyrus* le jeune se révolte contre le Roi son frere.			
3602.		Retraite des dix mille Grecs. *Xénophon.*		
3606.		Seconde guerre civile, entre les Athéniens soutenus par les Perses, & les Lacédémoniens.		
3613.				
3631.		Troisième guerre civile, entre les Thébains & les Lacédémoniens.	365.	*Prise de Rome* par les Gaulois. *T. Livre V. 36.*
3643.	*Ochus*, R.			
3659.				
3664.	*Arogus* ou *Arsès*, R.	Bataille de Chéronée ; *Philippe*, R. de Macédoine se rend maître de la *Grèce*.	411.	Les *Campaniens* se donnent aux Romains ; Guerre contre les Samnites.
3666.	*Darius Codoman*, R.	*Alexandre le Grand*, R. de Macédoine.		
3668.		Bataille du *Granique* ; l'Asie mineure soumise à Alexandre.		
3669.		Bataille d'*Issus* ; la Syrie & l'Égypte soumises à Alexandre.		
3671.		Bataille d'*Arbèle* ; l'Assyrie, la Babylonie & la Perse soumises à Alexandre.		
3672.	*Darius* est tué ; Fin de l'Empire des Perses	Tout l'Empire des Perses se soumet à Alexandre. EMPIRE DES GRECS. *Arrien L. III.*		
3679.	Mort d'*Alexandre le Grand*. *Diodore de Sicile XVII. 117. Arrien L. VII.*			
3697.	Les Gouverneurs des provinces prennent le titre de *Roi*. *Canon de Ptolémée.*			
	R. D'ÉGYPTE — *Ptolémée, fils de Lagus, R.*	R. DE SYRIE — *Séleucus Nicator, R.* / R. DE MACÉDOINE — *Cassandre, R.*		
3712.			464.	Le *Samnium* subjugué.
3719.			471.	Les *Gaulois Sénonois* sont entièrement détruits.
3720.			472.	Guerre de Tarente.
3722.				
3730.		*Antigonus Gonatas* envahit le trône de Macédoine, & l'assure à ses descendans. *Porphyre dans la Chronique d'Eusèbe.*	482.	Les *Tarentins* & leurs alliés se soumettent aux Romains.
3738.			490.	I.re guerre *Punique*. *Flore II. 2.*
3755.		Les *Parthes* se révoltent sous la conduite d'*Arsace* ; cet exemple est suivi de tous les peuples au-delà de l'Euphrate. *Justin XLI. 4. Canon d'Eusèbe.*		
3761.			513.	Fin de la I.re guerre Punique ; La *Sicile* cédée aux Romains.
3764.			516.	La *Sardaigne* & la *Corse* cédées aux Romains.
3778.			530.	Les *Boyens* se soumettent aux Romains. *Polybe II. 31.*
3780.			532.	Les *Insubriens* se soumettent aux Romains. *Fasti Capitol.*
3784.			536.	II.e guerre *Punique*. *T. Livre XXI. 6.*
3796.			548.	*P. Scipion* soumet l'*Espagne*. *T. Livre XXVIII. 16.*
3800.				

d.M.	ÉGYPTE.	SYRIE.	MACÉDOINE.	A.R.	ROME.
3801				553	Fin de la IIme guerre Punique. *T. Live L. XXX. Ch. 37. 41. 43. Polybe XV. 8.*
3802			Guerre de *Philippe* contre les Romains.	554	Ire guerre de *Macédoine* contre *Philippe*.
3804		La Palestine est réunie à la Syrie.			
3806				558	*Flamininus* met fin à la première guerre de Macédoine. *T. Live L. XXXII. Ch. 30. Fasti Capit. Marb.*
3811		*Antiochus le Grand* fait la guerre aux Romains		563	Ire guerre d'*Asie* contre *Antiochus le Grand*, R. de Syrie.
3813				565	L'*Étolie* soumise aux Romains.
3814				566	*Scipion l'Asiatique* termine heureusement la première guerre d'Asie.
3831			Guerre de *Persée* contre les Romains.	583	IIe guerre de *Macédoine* contre *Persée*.
3834				586	L'*Illyrie* passe sous la domination des Romains. *T. Live XLIV. 30. Fasti Capitol.*
3835			Fin du Royaume de Macédoine.	587	*Paul Émile* met fin à la seconde guerre de Macédoine.
3838		Révolte des Juifs sous la conduite de *Judas-Machabée*.			
3853				605	IIIe guerre Punique.
3854				606	IIIe guerre de *Macédoine* contre *Andriscus*. *Florus L. II. Ch. 14. Epit. Livii XLIV. Porphyre.*
3855				607	*Metellus* termine la troisième guerre de Macédoine.
3856			La Macédoine est réduite en province Romaine.	608	Ruine de *Carthage*, de *Corinthe*, de *Thèbes* & de *Chalcis*; l'*Afrique* & l'*Achaïe* sont réduites en provinces Romaines. *Pline XXXIV. 1.*
3871				613	IIme guerre d'*Asie* contre *Aristonic*. *Justin. Florus II. 20.*
3873				625	Fin de la seconde guerre d'Asie; le Royaume de *Pergame* est réduit en province Romaine.
3881				633	La partie des *Gaules* qui est enclavée entre les Alpes, l'Océan, le Rhône & les Cévennes, est réduite en province Romaine.
3891				643	Guerre de *Jugurtha*. *Salluste.*
3898		*Aristobule*, premier R. des Juifs de la race des *Asmonéens*			
3899				651	Guerre des *Cimbres* & des *Teutons*.
3906				658	Le Royaume de *Cyrène* est réduit en province Romaine.
3911				664	Guerre sociale. *Vellejus Paterculus L. II. Ch. 15.*
3914				666	IIIe guerre d'*Asie* contre *Mithridate* R. du Pont. Guerre civile entre *Sylla* & *Marius*.
3918		Extinction de la race des *Séleucides*;			
3920		*Tigranes*, R. d'Arménie, monte sur le trône de Syrie		672	*Sylla*, Dictateur perpétuel.
3928				680	*Nicomède*, R. de Bithynie, laisse par testament son Royaume aux Romains.
3935				687	Guerre contre les *Pirates*; *Pompée* réduit la *Cilicie* en province Romaine.
3936		Fin du Royaume de Syrie		688	La *Syrie* & la *Phénicie* subjuguées par *Pompée*; l'Isle de *Crète* par *Metellus*.
3937				689	Le Royaume du *Pont* réduit en province Romaine.
3940		La Judée est rendue tributaire des Romains			
3941				693	Fin de la troisième guerre d'Asie; toute l'*Asie* jusqu'à l'Euphrate soumise aux Romains.
3942				694	Triumvirat de J. *César*, de *Pompée* & de *Crassus*.
3952				704	Les *Gaules* subjuguées par J. César. *Commentaires de César.*
3954				706	Bataille de *Pharsale*; Pompée est défait; César envahit la souveraineté à Rome.
3956				708	La *Numidie* réduite en province Romaine.
3958				710	J. *César* est tué en plein Sénat.
3959				711	*César-Octavien*, *Marc-Antoine*, & *Lépide* forment le second *Triumvirat*.
3960				712	Bataille de *Philippes*; *Brutus* & *Cassius* sont vaincus par les *Triumvirs*. *Dion L. XLII. Appien de la guerre civ. V.*
3965		*Hérode* le Grand, premier R. des Juifs, de la race des *Iduméens*			
3967				719	La *Pannonie* soumise aux Romains.
3971				723	Bataille d'*Actium*, funeste à *Marc-Antoine*.
3972	L'Égypte passe sous la domination des Romains			724	L'*Égypte* est réduite en province Romaine.
3975				727	AUGUSTE, Maître absolu de l'Empire Romain. *Dion L. LIII.*
3887				719	La *Noricie*, la *Rhétie* & la *Vindélicie* subjuguées. *Vellejus Paterculus II. 95. Suétone vie d'Auguste Ch. 21. Dion LIV.*
000	A. d. F. R. 752. NAISSANCE DE JÉSUS-CHRIST.				

A. J. Chr. selon l'Ère vulgaire.	HISTOIRE DE L'EMPIRE ROMAIN.	HISTOIRE ECCLÉSIASTIQUE.
14.	Tibère.	
33.		Jésus - Christ crucifié. *S. Matthieu Ch. XXVII.*
37.	Cajus Caligula. *Annales de Tacite L. VI. Ch. 20.*	
41.	Claude.	
42.	La Mauritanie réduite en province Romaine. *Dion L. LX.*	St. Pierre. (a. d. J. Ch. 42.)
43.	Les Romains font la conquête d'une partie de la Bretagne. *Suétone, vie de Claude.*	
54.	Néron.	
64.		Première persécution générale des Chrétiens. *Annales de Tacite.*
68.	Galba.	St. Lin. (a. 67.)
69.	Othon. Vitellius. Flave Vespasien. *Histoire de Tacite, L. I. Ch. 47. 51. II. 20.*	
70.		Ruine de Jérusalem ; Fin du culte religieux des Juifs. *Joseph de Bell. Jud. L. VI. VII.*
79.	Tite Vespasien.	
81.	Domitien.	St. Clet. (a. 78.)
96.	Nerva.	St. Clément. (a. 91.)
98.	Trajan. *Xiphilinus L. LXVIII.*	
100.		
102.	La Dacie & l'Arabie soumises aux Romains.	St. Anaclet. (101.)
112.	La Mésopotamie, l'Assyrie, l'Arménie conquises par Trajan. *Chronique d'Eusèbe.*	St. Évariste. (110.)
117.	Adrien. Il abandonne la Mésopotamie, l'Assyrie & l'Arménie. *Spartien vie d'Adrien, Ch. 4. 5.*	St. Alexandre. (119.) St. Sixte. (130.)
135.		Derniere défaite des Juifs dans la Palestine. Ils se dispersent sur toute la terre.
138.	Antonin le pieux. *Capitolin Anton. Ch. 4. 5.*	St. Thélesphore. (141.) St. Higin. (152.)
161.	Marc - Aurele Antonin le Philosophe, & Lucius Vérus son frere.	St. Pie. (156.) St. Anicet. (165.)
180.	Commode. *Hérodien.*	St. Soter. (173.) St. Éleuthere. (177.)
193.	Pertinax. Didius Julianus. Septime Sévere.	Victor. (192.)
200.	Une grande partie de la Mésopotamie & de l'Assyrie soumise aux Romains.	
211.	Caracalla & Géta.	Zéphirin. (202.)
217.	Macrin.	St. Calliste. (219.)
218.	Héliogabale. *Lampride.*	St. Urbain. (224.)
222.	Alexandre Sévere.	St. Pontien. (231.)
235.	Maximin. *Eutrope IX. 1. Victor Ch. 25.*	Antere. (235.)
238.	Balbin. Pupiénus. Gordien.	Fabien. (236.)
244.	Philippe l'Arabe.	St. Corneille. (251.)
249.	Dece.	St. Lucius. (253.)
251.	Gallus & Volusien.	St. Étienne. (255.)
253.	Émilien. Valérien & Gallien. *Trebellius Pollio Salon. Ch. 3.*	St. Sixte II. (257.)
268.	Claude II.	st. Denis. (258.)
270.	Quintillus. Aurélien.	St. Félix. (270.)
275.	Tacite. *Vopiscus vie de Tacite Ch. 5.*	St. Eutychien. (275.)
276.	Florien. Probus. *Vopiscus Prob. Ch. 11.*	St. Cajus. (283.)
282.	Carus.	St. Marcellin. (296.)
283.	Carinus & Numérien. *Vopiscus. Victor.*	
284.	Dioclétien. *Victor Ep. Ch. 39.*	
286.	Dioclétien s'associe à l'empire Maximien Herculeus. *Eutrope IX. 14.*	
300.		

A.J.C.	HISTOIRE DE L'EMPIRE ROMAIN.	HISTOIRE ECCLÉSIASTIQUE.
303.		Dernière persécution générale des Chrétiens. *Lactance de morte persecutorum.*
304.	*Galérius Maximien*, & *Constantius Chlorus*. *Eutrope X. 1. Lactance de morte persecutorum Ch. 17. 19.*	St. *Marcel*. (a. 304.)
306.	CONSTANTIN LE GRAND. *Idacius in Fastis Consul. Zosime.*	St. *Eusèbe*. (309.)
311.	Mort de Galérius Maximien.	St. *Melchiade*. (311.) St. *Silvestre*. (314.)
314.		*Constantin le Grand* embrasse la religion chrétienne. *Eusèbe.*
325.		I. Concile œcuménique, tenu à *Nicée*, contre *Arius*, qui nioit la divinité de J. Christ. *Socrate H. E. I.*
330.	*Constantin* transfère le siège de l'Empire de Rome à Constantinople. *Jérôme Prosper dans sa Chronique.*	St. *Marc*. (336.)
337.	*Constance*, *Constantin* & *Constant*. *Chronique de Prosper.*	*Jule*. (336.)
361.	*Julien* (l'Apostat). *Zosime.*	*Libérius*. (352.)
363.	*Jovien*. *Socrate Hist. Eccl. III. 21. 22.* Nisibis en Mésopotamie, & une partie de l'Arménie cédées aux *Perses*. *Zosime III. 5.*	St. *Damase*. (367.)
364.	*Valentinien I.* & *Valens*.	
375.	*Gratien*, *Valentinien II.* & *Valens*.	*Sirice*. (385.)
379.	*Gratien*, *Valentinien II.* & *Théodose le Grand*. *Chron. de Marcellin. Prosper dans sa Chronique, Zosime.*	
381.		II. Concile œcuménique, tenu à *Constantinople*, contre *Macédonius*, qui nioit la divinité du St. Esprit. *Socrate hist. ecclés. V. Ch. 8.*
383.	Mort de Gratien.	
392.	Mort de Valentinien II.	
395.	Mort de Théodose ; L'Empire est partagé pour toujours en *Empire d'Orient* & en *Empire d'Occident*. *Chron. de Marcellin.*	*Anastase*. (398.)

A.J.C.	EMPIRE D'ORIENT.	EMPIRE D'OCCIDENT.	HISTOIRE ECCLÉSIASTIQUE.
	Arcadius, Empereur.	*Honorius*, Empereur.	
400.			
406.		Irruption des *Alains*, des *Suèves*, des *Vandales* par les Gaules dans les provinces Romaines. *Zosime L. VI. 3. Chron. de Prosper.*	*Innocent I.* (a. 401.)
408.	*Théodose II*, E. *Chron. de Marcellin.*		*Zosime*. (416.)
409.		Les *Vandales*, les *Suèves*, & les *Alains* s'établissent en *Espagne*.	
410.		*Alaric*, R. des *Visigoths*, prend & pille Rome.	
412.		Les *Visigoths* se rendent maîtres de la partie *méridionale* des Gaules.	*Boniface I.* (418.)
413.		Les *Bourguignons* s'établissent dans les Gaules.	
415.		Les *Visigoths* établissent *Barcelone* Capitale de leur Empire. Origine du Royaume d'*Espagne*.	St. *Célestin*. (423.)
425.		*Valentinien III*, E. *Chron. de Marcel.*	
431.		Les *Francs* s'emparent de la *Gaule Belgique*, sous la conduite de leur Roi *Clodion*, fondateur du Royaume de *France*. *Grégoire de Tours L. II. 9.*	III. Concile œcuménique, tenu à *Éphèse*, contre *Nestorius*, qui séparoit trop les deux natures en *Jésus-Christ*. *Socrate VII. 34.*
439.		Les *Vandales* se fixent en *Afrique*.	St. *Sixte III*. (432.)
450.	*Marcianus*, E.	Les *Angles* & les *Saxons* viennent en Bretagne, où ils fondent le Royaume d'*Angleterre*. *Bède hist. d'Anglet. L. I. Ch. 15.*	St. *Léon I.* (440.)
451.			IV. Concile œcuménique, tenu à *Chalcédoine*, contre *Eutychès*, qui confondoit les deux natures en *Jésus-Christ*.
455.		*Maxime*, E. *Genseric*, Roi des *Vandales*, pille & saccage la ville de Rome.	
457.	*Léon*, E. *Chron. de Marcellin.*		St. *Hilaire*. (461.)
474.	*Zénon*, E.		
475.		AUGUSTULE, dernier E.	*Simplicius*. (467.)
476.		*Odoacre*, R. des *Hérules*, se rend maître de la ville de Rome, & se fait Roi d'Italie. BOULEVERSEMENT DE L'EMPIRE ROMAIN EN OCCIDENT.	St. *Félix II ou III.* (483)
			St *Gélase*. (492.)
491.	*Anastase*, E.		*Anastase II.* (496.)
			Symmaque. (498.)

A.J.C.	EMPIRE DES FRANCS.	ITALIE.	ESPAGNE.	ANGLETERRE.	ROY. DU NORD.	EMPIRE D'ORIENT.	HISTOIRE ECCLESIAST.
						(Les Empereurs de ce siècle se trouvent sur la Table précédente.)	(Les Papes de ce siècle se trouvent sur la Table précédente.)
415.			Les Visigoths fondent le royaume d'Espagne. Chronique d'Idace. Jornandes de rebus Goticis.		L'Histoire des royaumes du Nord est trop incertaine dans ces tems reculés pour être intéressante.		
431.	Clodion, R. des Francs, fonde le roy.me de France. Grégoire de Tours L. II. Ch. 9.						
450.				Les Anglo-Saxons entrent dans l'isle de Bretagne. Bede. Heptarchie. Chronol. Sax.			
451.	Mérovée, R. Chef de la race des Mérovingiens.						
455.							
476.		Odoacre, R. des Hérules, se fait R. d'Italie. Chroniques de Marcellus.					
489.		Théodoric, R. des Ostrogoths, s'empare de l'Italie.					
496.	Bataille de Tolbiac; Clovis défait les Allemands, & se fait baptiser. Grég. de Tours L. II. Ch. 30.						
500.							Les Anglo-Saxons convertis au Christianisme.
511.	Mort de Clovis; Ses états sont partagés entre ses fils. Grégoire de Tours II. 28. III. 1.						Hormisdas. 513. S. Jean I. 523. Félix IV. 526. Boniface II. 30.
533.						L'Empereur Justinien publie son Code de loix. L. 2. C. de vet. jure enucleando.	
534.						Conquête de l'Afrique, faite par Bélisaire.	Jean II. 532. Agap. I. 535.
553.		Fin du royaume des Ostrogoths.				L'Italie enlevée aux Ostrogoths. Procope de Bello Goth. L. III.	Silverius. 536. Vigilius. 539.
568.		Les Lombards s'établissent dans la haute Italie. Paul Warnefried L. II. 7.					Pelage I. 555. Jean III. 559.
586.			Récaréde, R. État florissant de l'Empire des Visigoths. Isidore de Séville p. 717.				Benoit I. 574. Pelage II. 577. St. Grégoire le Grand. 590.
600.							
610.						Héraclius, E.	
614.	Clotaire II. réunit toute la Monarchie. Chron. de Frédégaire 40. 42.						Sabinien 604. Boniface I. 606.
622.						Commencement de l'Hégire, & de l'Empire des Sarrasins, fondé par Mahomet. Elmacin.	Bonif. IV. 7. Dieu-Donné 14. Boniface V. 17. Honoré 26.
629.						L'Arabie subjuguée par les Sarrasins.	Séverin 39. Jean IV. 40.
638.						La Syrie subjuguée par les Sarrasins.	Théodore 42. St. Martin 49.
641.						Constans, E. L'Égypte subjuguée par les Sarrasins.	Eugene I. 55. Vitalien 56.
648.						L'Afrique & l'isle de Chypre subjuguées.	Adéodat 72. Domnus 76.
651.						La Perse subjuguée. Elmacin I. 4.	Agathon 78. Léon II. 83.
687.	Pepin Heristel, Maire du Palais, s'empare de l'autorité royale						Benoit II. 84.
697.		Premier Doge de Venise.					Jean V. 85. Conon 86. Sergius I. 87.
700.							
712.			L'Empire des Visigoths détruit p. les Sarrasins. Origine des royaumes de Léon & de Castille. Rodric de Tolède L. III. IV. 19. 20.				Jean VI. 701. Jean VII. 5.
718.							Sisinnius 8. Constantin 8.
719.	Charles Martel, Maire du Palais.						Grégoire II. 14. Les Germains convertis au Christianisme par Boniface. 18.
752.	Childeric III. est déposé. Pepin le bref, R. Chef de la race des Carlovingiens. Annales de Fulde.						Grégoire III. 31. Zacharie 42. Étienne II. 52. Étienne III. 52. Paul I. 57. Étienne IV. 68. Hadrien I. 72.
756.		Donation de l'Exarchat de Ravenne; Origine de la puissance séculiere des Papes. Annales d'Eginhard.					
774.	Charlemagne fait la conquête du Royaume des Lombards.						
778.	L'Espagne entre l'Ebre & les Pyrénées subjuguée par Charlemagne. Annales d'Eginhard.						
796.	Défaite des Huns; La Pannonie subjuguée.						
797.						Irène, Impér.	Concile de Francfort. 94. Léon III. 95.
800.	Charlemagne rétablit la dignité impériale en Occident. Annales d'Eginhard.						

A.J.C.	FRANCE.	ALLEMAGNE.	ITALIE.	ESPAGNE.	ANGLETERRE.	POL.HONG.	ROY.NORD.	EMPIRE D'ORIENT.	HISTOIRE ECCLÉS.
802.								Nicéphore, E. C'est à ce Prince que commence l'Empire des Grecs, appellé le Bas-Empire.	Étienne V. (816) Conc. d'Aix-la-Chapelle. Pascal I. 17. Eugène II. 24. Valentin. 27. Grég. IV. 28. Ansgaire prêche la rel. chrét. dans le Nord. 33. Sergius II. 44. Léon IV. 47. Benoît III. 55. St. Nicolas I. 58. Hadrien II. 67. Jean VIII. 72. Martin II. 82. Hadrien III. 84. Étienne VI. 85. Formose. 90. Boniface VI. 96. Étienne VII. 97.
803.	Paix de Saliza ; Les Saxons se soumettent aux Francs, & embrassent la religion chrétienne. Eginhard.								
806.			(Les Génois s'emparent de l'Isle de Corse. Ils deviennent puissans.)						
827.					Egbert éteint l'Heptarchie en réunissant les sept royaumes.				
840.						Piaste est élu D. de Pologne. Il est le Chef de la race des Piastes.			
843.	Paix de Verdun ; Les trois fils de Louis I le Débonnaire, Lothaire, Louis & Charles partagent entr'eux l'Empire des Francs. Annales de St. Bertin. Charles le Chauve, R. de France.		Lothaire I. Emp. II, d'Italie & de Lorraine. Annal. de St. Bertin.						
862.		Louis le Germanique, fonde le royaume d'Allemagne.					Les Waregues s'emparent de la Russie, & établissent Novogorod, Capitale de leur principauté.		
879.		Boson, Comte de Provence, fonde le royaume d'Arles, ou de Bourgogne Cisjurane.							
880.			Charles le Gros Emp. & R. d'Italie.						
882.		Charles le Gros, réunit toute l'Allemagne.							
884.	Charles le Gros réunit la France, l'Allemagne & l'Italie.								
887.		Charles le Gros est déposé, Arnoul, R.							
888.	Eudas, Comte de Paris, R. Reginon.	Rodolphe fonde le royaume de Bourgogne Transjurane. Reginon.	Guy & Bérenger, E.						
900.						les Hongrois s'établissent dans la Pannonie. Sigeb. de Gemblours.			
911.		Extinction de la race des Carlovingiens. Le royaume devient électif. Cont. de Regino.							Jean IX. 901. Ben. IV. 5. Léon V. 6. Christ. 6. Sergius III. 7. Anast. 10. Lando. 12. Jean X. 13. Léon VI. 28. Ét. VIII. 29. Jean XI. 31. Léon VIII. 36. Ét. IX. 39. Martin II. 43. Agap. II. 46. Jean XII. 55. Ben. V. 64. Jean XIII. 65. Domnus II. 72. Ben. VI. 72. Ben. VII. 75. Jean XIV. 84. Jean XV. 85. Grég. V. 96. Silv. II. 99.
912.	La Neustrie occupée par les Normands.	Henri l'Oiseleur, R. Race Saxonne.						Constantin IX, E.	
919.									
913.	Charles le Simple est détrôné, Raoul, Duc de Bourgogne, R.								
925.		Toute la Lorraine est réunie à l'Allemagne. Frodoard.							
936.								Démembrement de l'Empire des Sarrasins. Elmacin III. 1.	
962.		Otton I. réunit pour toujours l'Italie & la couronne impériale à l'Allemagne. Luitprand VI. 6, Continuat. de Reginon.							
987.	Hugues Capet, R. Chef de la race des Capétiens. Chron. dans Duchesne T. III.								
1000.									
1001.					L'Angleterre soumise aux Danois.	La Hongrie érigée en royaume par Étienne I.			Jean XVI. ou XVII. 1003. Jean XVIII. 3. Sergius IV. 9. Benoît VIII. 11. Jean XIX. 24. Ben. IX. 33. Grég. VI. 44. Clém. II. 46. Damase II. 48. Léon IX. 49. Victor II. 54. Étienne IX. 57. Nicolas II. 59. Alexandre II. 61.
1017.									
1024.		Conrad II. le Salique, E. Race Franconienne.							
1027.				Décadence de l'Empire des Sarrasins. Rodr. Sanche le Gr. réunit les royaumes de Léon & de Navarre ; la Castille & l'Arragon. Roderic.			Canus le Gr. R. de Danem. & d'Angleterre soumet la Norvège.		
1028.									
1030.									
1033.		Le royaume de Bourgogne Cis- & Transjurane est réuni à l'Empire. Wippon.							
1034.								Michel IV, E. Togrulbec, fonde l'Empire des Turcs.	
1038.					Édouard le Confesseur, R. il se rend fameux par le Code de loix qu'il publie.				
1042.		Henri IV. E. Lambert d'Aschaffenbourg.							
1056.									
1066.					Guillaume le Conquérant, R. Chef des Rois Normands.				
1074.		Origine des brouilleries entre l'Empire & le Sacerdoce.	Grégoire VII. se soumet à l'obéissance des Empereurs. Hugues de Flavigny. Lambert d'Aschaffenb.						
1080.								Alexis Comnène, E. Commenc. des Croisades contre les Turcs. Royaume de Jérusalem fondé par Godefroi de Bouillon. Guill. de Tyr. VIII. 5.	Grégoire VII. 73. Victor III. 86. Urbain II. 88. Concile de Clermont. 98. Pascal II. 99.
1096.									
1099.									
1100.									

A.J.C.	FRANCE.	ALLEMAGNE.	ITALIE.	ESPAGNE.	PORTUGAL.	ANGLETERRE.	POL. BOH.	ROY. NORD.	EMPIRE D'ORIENT.	HIST. ECCLÉSIAST.
1113.	Commencement des guerres entre									(Renaissance du Droit Rom. à Bologne, par *Irnerius.* L'Ordre de St. Jean étab. dans la Terre Ste. (1100. *Gélase II.* 1118. L'Ordre des Templiers établi 1119. *Calixte II.* 1119. *Honor. II.* 1124. *Innoc. I.* 1130. *Célest. II.* 1143. *Lucius II.* 1144. *Eugène III.* 1145. *Anast. IV.* 1153. *Hadrien IV.* 1154. *Alexandre III.* 1159. *Lucius III.* 1181. *Urbain III.* 1185. *Grégoire VIII.* 1187. *Clément III.* 1188. L'Ordre Teutonique établi 1189. *Célestin III.* 1191. *Innocent III.* 1199. fait poursuivre les Albigeois par les armes.)
1122.	la *France* & *l'Angleterre*, sous	Concordat de *Henri V.* & de Ca-								
1130.	*Louis VI.* dit le *Gros.*	lixte II. *Conrad d'Urfperg.*	*Roger II.* prem. R. des deux					Le *Danemarc*		
1134.			Siciles. *La Bulle fe trouve dans*					rendu triba-		
1138.		Conrad III. Chef des Empereurs	*Baronius Annal. T. XII. p. 614.*					taire de l'Em-		
1139.		Souabes.					La *Pologne*	pire d'Allema-		
1143.					Le *Portugal* érigé		partagée en	gne. *Anselm de*	Emmanuel Comnène, E.	
1152.		Frédéric I. dit *Barberousse.*			en *Royaume* par		plusieurs	*Hildesheim.*		
1156.		L'Autriche érigée en *Duché. Otton*			*Alfonse I. Rodas.*		Principau-			
1157.		*de Freyfinga, vie de Frédéric I. 30.*		Les royaumes de	*de Tolede VII. 5.*	Henri II. Chef de la race des	tés.			
1164.			La *Sardaigne* érigée en ro-	*Léon* & de *Castille*		Plantagenets.				
1172.			yaume. *Acerbus Morena in*	sont partagés entre		Henri II. fait la conquête de				
1174.			*Leibnitz fcript. rer. Brunfw. T.I.*	*Ferdinand* &		l'Irlande.			Saladin fait la conquête de l'Égy-	
1180.		Chûte de la Maison des *Guelphes.*	*p. 841. Alberic.*	*Sanche III.*					pte. *Marianus Scotus III.*	
1181.		*Conrad d'Ursperg. Helmold II. 19.*			Loix fondamen-					
1185.					tales rédigées à				Isaac l'Ange, E.	
1187.					Lamego. *L'Infe.*				Fin du Royaume de Jérusalem.	
1190.		Henri VI. E. *Godefroi de Cologne.*			*dans Bernardus Ma-*				*Jacques de Vitry Chap. 94. 95. dans*	
1194.			Le royaume des deux Siciles		*narch. Lusitan. &*				*Bongarfe.*	
1197.		Philippe de Souabe, E.	passe à la Maison de Hohen-		*Schafnaus Statut von*					
1198.			ftauffen. *Auctarium Aquicin-*		*Portug. T.II. p.534.*		La *Bohème*			
1200.			*ctinum.*				érigée en ro- yaume. *Go- defroi de Co- logne.*			
1204.									L'Empire des Grecs passe aux La-	(Fondation des frères Prê- cheurs, dits *Dominicains.*
1208.		Otton IV. E.							tins: Démembrement du Bas-	Honoré III. 1216.
1212.				Bataille d'Ubéda.					Empire. *Nicetas Choniates. Dandoli* *Chron. dans Muratorius.*	Grégoire IX. 1227. publie les Décrétales en 1235.
1214.	Philippe II. *Auguste* gagne la					Jean sans terre est forcé de				
1215.	bataille de *Bouvines* sur l'Emp.					signer la *Grande Charte,*				Célestin IV. 1241.
1218.	Otton IV. *Matthieu Paris.*	Frédéric II. E.				qui est la base de la constitu-				Innocent IV. 1243.
1221.						tion de l'Angleterre. *Matthieu* *Paris. Rymer.*				
1226.	St. Louis, R.									
1235.		Origine du Duché de Brunswic & de							Les *Tartares Mogols* font de gran-	
1237.		Luneb. *Recis de l'Emp. Alb. de Stade.*						Les *Tartares*	des conquêtes sur les Turcs dans l'A-	Alexandre IV. 1254.
1250.	St. Louis prisonnier en Égypte.	Conrad IV. E. *Chronique d'Augsb.*					se rendent la	sie; mais leur Empire n'est point de	Urbain IV. 1261.
1254.	*Guill. de Nangis. Joinville.*	Guillaume de Hollande, E.					*Russie* tributai-	durée. *Abul. Dyn. IX. Chr. de Nangis.*	Clément IV. 1265.
1257.		Richard de Cornouailles, E. pre-					re. *Herburstein.*	Les Mamelucs s'emparent de l'Égy-	Grégoire X. 1271.
1259.		mière mention des VII. Électeurs.					*Albert de Stade.* *ad. a. 1240. Heis-* *terbach de Boll-* *stror.*	pte. *Abulphar. Dynast. IX.*	Innocent V. 1276.
1261.		*Lettre d'Urbain IV. dans Leibnitz* *Prodr. J.G. p.14. Th. Wicker.*						Les Mamelucs s'emparent de la Sy-	Hadrien V. 1276.
1265.			Charles d'Anjou, couronné					rie & de la Palestine.	Jean XXI. 1276.
1271.	Le Comté de *Toulouse* réuni à		à Rome R. de Naples & de					Les Grecs reprennent Constantino-	Nicolas III. 1277.
1273.	la couronne sous *Philippe III.*	Rodolphe de Habsbourg, E.	Sicile. *Lunig. C.I. Dipl. T.II.*					ple sur les Latins, sous Michel	Martin IV. 1281.
1276.	le Hardi.		*p. 953.*					Paléologue. *Nicephorus Gregoras* *IV. 2. Chron. de Nangis.*	Honoré IV. 1285.
1281.		Les Duchés d'*Autriche* & de *Stirie*	Vêpres Siciliennes; le R. d'Ar-			Édouard I. fait la conquête			Coblai-Chan envahit la Chine; il	Nicolas IV. 1287.
1285.	Réunion de la *Champagne* à la couronne, sous *Philippe le Bel.*	passent à la Maison de Habsbourg.	ragon s'empare de la Sicile.			de la province de Galles.			est le Chef de la première race des Empereurs étrangers. Andronic II. E. (1283.)	Célestin V. 1294.
1295.	Commencement de la querelle de						La *Pologne*			Boniface VIII. 1294.
1298.	Boniface VIII avec Phil. IV. *Hist. du différend de Phil. IV. & de*	Adolphe de Nassau est tué. *Al-* bert I. E.					érigée en ro-			
1300.	*Boniface VIII.*						yaume.		Ottoman fonde en Bithinie un nouvel Empire des Turcs.	

J.C.	FRANCE	ALLEMAGNE	ITALIE	ESPAGNE	PORTUG.	ANGLETERRE	SUISSE	BOH. POL. HONGR.	ROY. NORD	EMPIRE D'ORIENT	HIST. ECCLÉSIAST.
301.								Les *Angevins* montent avec *Charles Robert* sur le trône de *Hongrie. Bonfinius.* La *Bohême* passe à la Maison de *Luxembourg. Albertus Massæ de gestis Henr. VII. Albert de Strasbourg.*			*Boniface VIII.* se dit *Maître de la terre,* & en cette qualité il confirme l'E. d'Allem. *Pierre de Marca Conc. Sacerd. & Imp. II. 5.*
308.		*Albert I.* tué; *Henri VII.* de *Luxembourg,* E. *Henri de Rebdorf.*					*Confédération Helvétique. Chr. de Tschudi.*				
309.											
312.	La ville de *Lyon* passe à la France.										*Benoit X.* (1303.) *Clément V.* (1305.) Il transfère le St. Siége à *Avignon;* & abolit l'Ordre des *Templiers.* 1312. Vacance du S. Siége depuis 1314. jusqu'en 1316. *Jean XXII.* (1316.)
314.		*Louis de Baviere,* E.									
315.							*Bataille de Morgarten.* Ligue de *Brunn,* base de la constitution Helvétique. *Chr. de Tschudi.*				
320.											
322.	*Charles IV.* dit le *Bel,* dernier R. de										
326.	la branche des *anciens Capétiens.*					*Édouard II.* est fait prisonnier, déposé & tué. *Édouard III.* qui lui succéde fait des prétensions sur le trône de France, ce qui entraîne une longue guerre. *Kuygison, dans Tuysden. coll.*		*Uladislas Lokettk* réunit la grande & la petite Pologne, & se fait couronner à *Cracovie.*		*Orchan* succède à *Ottoman* dans l'Empire Turc.	
327.											
328.	*Philippe VI.* R. Chef de la branche de										
329.	*Valois. Contin. de Nangis dans d'Achery.*	La Maison de *Wittelspach,* (qui possédoit la *Baviere* depuis l'a. 1181. & le *Palatinat* depuis l'a. 1227.) se partage en deux branches; celle de *Rodolphe* succéde dans le *Palatinat,* celle de *Louis* dans la *Baviere. Henri de Rebdorf.* l'instrum. dans les *Actes de Lookorp.*									
332.										*Andronic* le jeune, E.	
334.											*Benoit XI* ou *XII.*
338.	Guerre des *Anglais* pour la succession										
340.	au trône de France. *Froissard L. I.*			Bataille de *Tariffe. Rod. Sanctius; Alfons. à Carthagean. Mariana XIII. 7.*							
341.								*Casimir,* R. de Pol. fait la conquête de la *Russie* rouge. *Dlugossus L. IX. p. 1098.*		*Jean Paléologue,* & *Jean Cantacuzene,* E.	*Clément VI.*
342.											
346.	Bataille de *Créci. Froissard.*	*Charles IV.* E.									
347.											
348.											
349.	Le *Dauphiné* passe à la France. *L'inst.*		*Jeanne I. R.* de *Naples* vend *Avignon* au St. Siége pour 80000 flor. d'or. *L'inst. dans Luxig C. J. D. T. II. p. 782.*								*Innocent VI.*
352.	*dans l'albenai preuves de l'Histoire de*										
355.	*Dauphiné.*							La *Silésie* réunie à la *Bohême. Semuerssberg T. I. Goldast. app. p. 25.*			
356.	Bataille de *Poitiers. Froissard.*	*Bulle d'or,* loi fondamentale de l'Empire. *Reeds de l'Empire.*									
359.										*Amurat I.* passe en Europe sur les galères Génoises.	
360.	Traité de *Bretigni. dans Rymer T. I. P. II.*										*Urbain V.*
362.											
370.								*Louis le Grand* parvient au trône de Pol. après avoir signé les premiers *Pacta Conventa. Anonym. Archidiac. p. 101.* Il réunit la Pol. à la Hongrie.			*Grégoire XI.* Après sa mort commence le *Grand Schisme d'Occident. Urbain VI.* à Rome, & *Clément VII.* à Avignon. 1378.
371.											
377.						*Richard II.* R. Factions des Maisons de *Lancastre* & de *York,* ou de la *Rose rouge* & de la *Rose blanche.*					
378.	L'Emp. *Charles IV.* établit le *Dauphin Vicaire* général & *irrévocable* de *l'Empire. Thierry de Niem. II. 23.*	Le Royaume *d'Arles* détaché de l'Empire. *Wenceslas,* E.									
385.					*Jean I.* surnommé le *Batard,* R. *Nanius. Vasc. Mar. XVIII. 9.*						
386.								*Jagellon* R. de Pol. réunit la *Lithuanie* à la couronne. *Kojalowis Hist. de la Lithuanie. Dlugossus.*		*Emmanuel II.* E.	*Boniface IX.* à Rome. On attribue à ce Pape l'établissement des *Annates. Thierry de Niem. II. 7. Gobelin Persona VI. 14. 80.*
387.							Bataille de *Sempach. Tschudi.*			*Bajazet I.* Il étend considérablement sa domination.	
389.											
393.	*Charles VI.* R. tombe en démence,										
395.	Factions entre les Princes du sang		Érection du Duché de *Milan. Luitnits C. J. G. Dipl. p. 257.*								
396.								Bataille de *Nicopolis.*			
397.									Union de *Calmar,* établie p. *Marguerite,* R. de *Danemarc,* de *Suède* & de *Norwege. Insr. dans Holberg. Dann. Reichs-Histoire.*		*Benoit XIII.* à Avign (a 1394)
00		Les Électeurs déposent *Wenceslas; Robert* le *Palatin* E. v. les *Actes de la déposition de Wenceslas.*									

A. J. C.	FRANCE.	ALLEMAGNE.	ITALIE.	ESPAGNE.	PORTUG.	ANGLETERRE.	SUISSE.	BOH. POL. HONGR.	ROYAUMES DU NORD.	EMPIRE D'ORIENT.	HIST. ECCLESIAS.
1402										Tamerlan ou Timurbeg défait & prend Bajazet I, auquel succède Soliman, & à celui-ci Moyse a. 1409. Mahomet I a. 1413.	Innocent VII, P. a. 1404. Grégoire XII, P. R. a. 7. Le Concile de Pise élit Alexandre a. 9. Jean XXIII. a.
1404											
1411		Sigismond, E. L'inst. dans Wicker. App.	Venise, Florence & Gènes s'agrandissent des dépouilles du D. de Milan. La Savoie est érigée en Duché, sous Amédée VIII. dans Leibn. C. J. D. T. I.								
1415	Bataille d'Azincourt, Juvénal des Ursins. Monstrelet.										
1416							Les anciens Domaines de la Maison d'Autriche envahis par les Suisses. Chron. de Tschudi				Concile de Constance qui, après la déposition de Jean XXIII, de Grégoire XII & de Benoît XIII, élit Martin V. a. 1417. du gr. Schisme. On arrêta aussi dans ce Concile de l'an 1415 que les Conciles étoient au-dessus du Pape.
1417		Frédéric de Hohenzollern, Burgrave de Nuremberg, nommé Électeur de Brandenbourg. Il est la souche de la Maison électorale d'aujourd'hui.									
1420	Traité de Troyes : Henri V. R. d'Anglet. déclaré héritier & régent en France. Monstrel. T. I. p. 288.										
1422			Le royaume de Naples passe à la Maison d'Arragon.			Henri VI proclamé dès le berceau R. de France & d'Anglet. Polyd. Vergil. Hist. d'Anglet.					
1423		Frédéric le belliqueux, Margrave de Misnie, nommé Électeur de Saxe; il est la souche de la Maison électorale d'aujourd'hui. L'instrum. dans Müller, Reichstage-Theatr.									
1429	Jeanne d'Arck, dite la Pucelle d'Orléans, fait lever aux Anglais le siège d'Orléans, & fait sacrer Charles VII à Reims. Alain & Jean Chartier, Monstrelet.										
1431											
1433								On permet aux Hussites la commun. sous les deux esp. Albert d'Autriche réunit la Bohème & la Hongrie.			
1437											
1438	Pragmatique Sanction arrêtée à Bourges. v. les Commissaires de M... Depuis fut le traité des intérêts de l'Église Gallicane par Pithou T. 1. & T. 3. p. 6.	Albert II, E. Empereurs Autrichiens. Frédéric III, E. Invention de l'imprimerie à Strasbourg par Guttenberg. v. Schœpflin Vindiciæ Typogr. Wimpheling. Epit. rer. germ.									Eugène IV. Concile de Basle. Eugène IV déposé par ce Concile 1439, & Félix V mis à sa place; celui-ci abdique en 1449, & Nicolas V qui avoit succédé à Eugène IV en 1447 & reste seul Pape légitime.
1440											
1444								Bataille de Varna.			
1448		Concordat entre Frédéric III & Nicolas V. Recès de l'emp. T. I.							Extinction des Skioldungs; Christien I, R. de Danem. Chef des Rois de la Maison d'Oldenbourg. Ch. de Dan.	Constantin Paléologue, E. Mahomet II, a. 1451.	
1450	La Normandie réunie pour toujours à la couronne.										
1453	Les Anglais chassés de la France. v. Historiens de Charles VII. publiés par Godefroi.						Premier Traité de la France avec la Suisse.	Après la mort de Ladislas le Posthume, les Bohèmes se soumettent à George Podiebrad.	Prise de Constantinople par Mahomet II. BOULEVERSEM. DE L'EMP. DES GRECS. Annal. de Leoncl. Chalcocondylas L. VIII.	Renaissance des lettres en Europe.
1457								La Suède réunie au Danem. Les Duchés de Schleswic & de Holstein réunis au royaume de Danemarc. Krantz, Chron. de Danem. v. Ludwig dit, Mscr. T. IX.		Calixte III. a. 1455.
1460								Paix de Thorn; une moitié de la Prusse est réunie à la Pologne, l'autre moitié est cédée comme fief à l'Ordre Teutonique.			
1461						Henri VI détrôné; Édouard IV, de la Maison d'York, R. Cont. de l'Hist. de Croyland.				Pie II. a. 1458.
1465	Guerre civile. Mémoires de Comines. Mém. d'Olivier de la Marche.										
1466											Paul II. a. 1464.
1469	Le titre de Très-Chrétien est donné à Louis XI.										
1475									La Russie secoue le joug des Tartares, sous Iwan Wasilowitsch.		Sixte IV. a. 1471.
1476							Victoire de Grandson. Vict. de Morat.				Innocent VIII. a.
1477	Commencement des guerres entre la France & l'Autriche.	Mariage de Maximilien d'Autriche avec Marie, héritière de Bourgogne. Trithemius Chron. de Hirschau. Chron. de Matias. Instrum. dans Du Mont C. Dipl. T. III.					Victoire de Nancy; le D. de Bourgogne Charles le Hardi, y est tué. Pirkheimer, de Bello Helvetico L. I. p. 61 sq.	Matthias Corvinus, R. de Hongr. s'empare de l'Autriche & établit sa résidence à Vienne.		Bajazet II, E.	
1479	la France & l'Autriche.			la Castille réunie à l'Arragon p. Ferd. le Cathol.							Alexandre VI. a.
1481	Réunion de la Provence à la couronne. v. Du Mont C. Dipl. T. III. P. II. p. 82.										
1485											
1487											
1492			Les Vénitiens font l'acquisition de l'île de Chypre. v. Sabellicus, Bembo, Contarini, Justiniani, dans une collection imp. à Venise.			Henri VII, R. réunit les deux Roses; il est le Chef des Rois de la Maison de Tudor. Polydor. Vergil. Bacon de Vérulam, dans son Hist. de Henri VII.					
1493		Maximilien I. E. Trithemius. Paix publique perpétuelle, établie à la diète de Worms; érection de la Chambre impériale. Recès de l'empire P. II.		Découvert de l'Amériq.							
1495	Commencement des guerres d'Italie, sous Charles VIII. v. Historiens de Charles VIII, publiés par Godefroi. Mémoires de Comines. Guichardin, Hist. de son tems.			Fin du roy.me de Grénade.							
1496				Jeanne, héritière de la Monarchie d'Esp. épouse Phil. d'Autriche. Trithem. Chron.							
1498					Découverte des Indes Orientales, sous Emmanuel. Osorius.						
1499							Maximilien I fait la guerre aux Suisses.				
1500											

I.C.	FRANCE.	ALLEMAGNE	ITALIE	ESPAGNE.	PORTUG.	ANGLETERRE.	SUISSE.	POL. BOH. HONGR.	ROYAUMES du NORD.	ORIENT.	HIST. ECCL.
502				Le roy.me de Naples réuni à l'Espag. Mar. L. XXVI						Ismaël Sofi envahit le trône de Perse, & l'assure à ses descendans.	Pie III. Jule II.
503				sq. Guichardin L. V, VI.							
508			Ligue de Cambrai contre la rép. de Venise. Léonard Traités de paix T. II p. 59.	Le royaume de Navarre envahi par Ferdinand le Cathol. de Thou L. I.							
512		L'Allemagne partagée en dix Cercles. Le Conseil Aulique est mis sur un nouveau pied. Recès de l'Empire T. II.									
513	Louis XII est chassé du Milanois. v. les Histor. de Louis XII, publ. p. Godefroi T. I. II.										Léon X.
515										Sélim I subjugue la Syrie, la Palestine & l'Assyrie. Annales de Leunclave.	
516	Concordat entre François I & Léon X. v. le Commentaire de Dupuy sur les libertés de l'Egl.			Charles I, Chef des R. Autrichiens. Chron. de Charles.			Traité perpétuel avec la France.				
517	gall. de Pithou, T. II. p. 57. Leibnit. Cod. Jur. gentium.	Luther prêche en Saxe contre les Indulgences. Sleidan. L. I.					Zwingle prêche en Suisse contre les Indulgences. Sleidan L. I.			L'Egypte conquise par le même Empereur: fin de l'Empire des Mamelucs.	Commencem. de la réformation.
519		Charles V, E. Il signe la premiere Capitulation. Goldast. Reichs-Satz. T. II.		Découverte du royaume de Mexique. Mariana L. I. & II. Mariana XXVI. 3.							
520											
521		Traité de Worms; Charles V abandonne à son frere Ferdinand les pays Autrichiens en Allemagne; Origine des deux branches de la Maison d'Autriche, l'Espagnole & l'Allemande. L'Instrum. se trouve dans les selecta Jur. publ. noviss. I. V. p. 169.						Anne, héritière des roy.mes de Bohème & de Hongrie, épouse Ferdin. d'Aut.; Traité de Cracovie; la Prusse Tout. érigée en duché & fief de la Pol. Louis tué à la bataille de Mohatz; la Bohème & la Hongrie passent à Ferdinand d'Autriche. Sleid. VI.		Prise de Belgrad par Soliman II. Annales de Leunclave.	
522										Conquête de l'île de Rhodes.	Hadrien VI. Clément VII.
523									Les Suédois se séparent des Danois, & élisent Gustave Vasa, R. il est la tige des Rois de Suède d'aujourd'h. Mess. Scand. La religion Lutherienne établie dans la Suède par Gustave; & dans le Danemarc par Fréderic I. Chr. de Chyt.		
525	François I est fait prisonnier à Pavie.			Découverte du royaume de Pérou. Chroniques de Chyrdus, de Thou I. Mariana.							
526	Paix de Madrid.										
527											
528			Doria rend la liberté aux Génois.								
529	Paix de Cambrai. v. Léonard. Traités de paix, T. II.	Diète de Spire; origine du nom de Protestans.								Les Turcs assiègent Vienne.	
530		Confession de foi présentée à Charles V par les Protestans à Augsbourg. Confédération de Schmalkalden. Sleidan.	Florence érigée en Duché. L'instrum. dans Lunig C. I. D. T. I. p. 461.							Humajun, Chef de la race des grands Mogols dans l'Indostan. Alger se met sous la protection des Turcs.	
531		Ferdinand élu R. des Romains.					Guerre civile de religion. Sleidan L. VIII.				
532			Mantoue érigée en Duché. Lunig C. I. p. 148. de Thou L. I.								
534				Le Milanois réuni à l'Esp. Lunig. C. J. T. I.						Conquête de la Mésopotamie & de la ville de Bagdad par Soliman II. Annales de Leunclave.	Paul III.
535						Henri VIII se déclare Chef de l'Eglise Anglicane; commencem. de la réf. en Angl. Annal. rer. Angl.					
536				Les Chevaliers de l'ordre de St Jean établis dans l'île de Malthe. L'inst. dans Lunig C. I. T. II. p. 299.			Calvin prêche la réformation. Les Bernois font la conquête du pays de Vaud. Chron. de Stettler. P. II. L. 3.		Le Norwege étroitement unie au Danemarc.		
538										L'Arabie heureuse subjuguée par le même.	
542						Henri VIII prend le titre de R. d'Irlande. Combdenus dans la Préf. p. 17. Annales d'Angl. p. 133.					
544	Paix de Crespy.								Chrétien III, R. de Danemarc, partage le Duché de Holst. avec son frere Adolphe, qui est la souche des Ducs de Holst. Gou. des R. de Suède & du Gr. Duc de Russie d'aujou.		
545			Parme & Plaisance érigées en Duchés.								Concile de Trente.
546		Guerre de Schmalkalden. Sleidan L. XVII.									
547		Bataille de Muhlberg. Sleidan. XIX.				Edouard VI établit la religion Calviniste en Angl. Annal. rer. Angl.			Jwan Wasiliewitsch se fait couronner Czar de toute la Russie. Paul Oderborn vie d. Wasil. Herb.		
548		Charles V enleve l'Electorat de Saxe à la branche Ernestine, & le donne à la branche Albertine.									Intérim publié.
550											Jule III.

A.J.C.	FRANCE	ALLEMAGNE	ITALIE.	ESPAGNE.	PORTUG.	ANGLETERRE.	PAYS-BAS	POLOGNE.	ROYAUMES DU NORD.	ORIENT.	HIST. ECCLÉSIAST.
1551		Guerre entre *Charles-Quint* & *Maurice*, Elect. de *Saxe.*								*Tripolis* se met sous la protection des *Turcs.* Supplém. aux Annales de Lewenclavi.	
1552	Prise de *Metz, Toul* & *Verdun* par *Henri II.* de Thou L. IX. Slad.XXIV.	Translation de *Passau.* Recès de l'Empire T. III.							Jwan *Wasilowitsch* fait la conquête du royaume de *Casan. Oderborn.*		
1553						*Marie* succède à *Édouard V,* & rétablit la rel. catholique. Burnet Hist. de la réformation d'Angleterre.					
1554									Les *Russes* soumettent le royaume d'*Astracan.* Voyages d'Olearius à Moscou & en Perse.		
1555		*Paix* de religion conclue à *Augsbourg.* Recès de l'emp.T.III.									
1556	Prise de *Calais.*										Marcel II. Paul IV
1558		*Ferdinand I,* E. Chr. de Chyt.				Les *Anglois* perdent *Calais.*					
1559	Paix de *Câteau-Cambresis.*					La R. *Élisabeth* affermit la religion protestante. Camdeni.			Conquête des *Ditmarses* par *Chrétien III,* R. de Dan.		Pie IV.
1561								La *Livonie* se met sous la protect. de la Pol. la *Courlande* & la *Sémigalle* érigées en Duchés & fiefs de la *Pologne.* L'instr. dans la Chron. de Chyt.			
1562	*Édit de Janvier*; première guerre civile de religion, sous *Charles IX.*										
1563	v. De Mont T. V. Mémoires de Condé.										Clôture du Concile de Trente.
1564	Paix de *Troyes.*	*Maximilien II,* E.									
1566		Guerre de *Gotha.* de Thou. L. XLI.		Révolte des *Pays-bas,* sous *Philippe II.*						*Sélim II,* E.	Pie V.
1568							Commenc. des troubles dans les *Pays-bas.* Grotius Annal. Belg.		*Éric XIV* déposé; *Jean III,* R. de Suède.		
1570									Paix de *Stettin* entre le Danemarc & la Suède.		
1571											
1572	Massacre de la St. Barthélemi. de Thou.						Prise de *Briel* par les exilés. Grotius L. II.	Extinction des *Jagellons.*		Conquête de l'isle de *Chypre*; défaite de *Lépante.* Tunis se met sous la protection des Turcs; *Amurath III,* E. Chron. de Chytraeus.	Grégoire XIII.
1574											
1576	Commencement de la *sainte ligue,*	*Adolphe II,* E.	*Florence* érigée en *Grand Duché.* Nouveau gouvernement à *Gênes.* v. Lenig C. J. D.			Les *Anglois* s'établissent dans les *Indes.* Camdenus.					
1579	sous *Henri III.* d'Avila Hist. des						Union d'Utrecht, base de la liberté des prov^ unies; *Guillaume I,* Prince d'Orange, est élu Stadthouder.				
1580	guerres civ. Mémoire de la ligue.			*Philippe II* fait la conquête du royaume de *Portugal.* Chr. de Chyt.	Mort du Roi *Henri*; le *Portugal* passe sous la domination des *Espagnols.* Mariana.						
1581											La *Formula Concordia* est rédigée.
1583									La *Sibérie* passe sous la domination des *Russes.* v. Historiens de Moscou p. 167. & Weber ver. adiert. Busch.		*Grégoire* publie un nouveau *Calendrier* qui est reçu par tous les États catholiq.
1585											Sixte V.
1587				Défaite de la flote invincible. Grotius Annal. Belgic.	Conn. Hagg. de Portugallia conjuncta.	*Marie,* R. d'*Écosse,* est décapitée. de Thou L.LXXXVI. Rawoeldi Sanctuarium de morte Maria Stuarta. Buchananus.	Grotius Annal. Belgic. L. III. l'instrum. dans Cax groot Placaet Boeck.				
1588	Journée des Barricades. Mém. de Nevers.										
1589	Assassinat de *Henri III.* Extinction										
1590	des *Valois*; avénement des *Bourbons*; *Henri IV,* R. d'Avila p. 174.										Urb.VII.Grég.XIV.
1591											Innocent IX.
1592	de Thou.	Troubles de Strasbourg.									Clément VIII.
1593		Troubles d'Aix-la-Chapelle. de Thou. L. LXXIV.									
1595											
1598	*Édit de Nantes.* Paix de *Vervins* avec l'*Espagne.* Mém. de Bellievre.								Paix de *Narva.* Extinction des *Wartgues* en Russe.	*Mahomet III,* E. Chronique de Chytraeus.	
1600	De Mont C. D. T. V.								*Sigismond,* R. de Suède déposé. *Charles IX,* R.		

A.J.C	FRANCE	ALLEMAGNE	ITALIE	ESPAGNE	PORTUG.	ANGLETERRE	PAYS-BAS	SUISSE	POL. BOH. HONGR.	ROYAUM. du NORD	ORIENT	HIST. ECCL.
1603	. . . . .	. . . .	.	.	.	Jacques I, Chef des R. Stuarts:	. . .	.	. .	. . .	Achmet III, E. v. Ludolphe Schaabhaer.	.
1604	. . . . .	. . . .	.	.	.	Il prend le titre de R. de la Gr. Bretagne. Johnst.	. . .	.	. .	. . .		.
1605	. . . . .	. . . .	.	.	.	Conspiration des poudres décou-	. . .	.	. .	. . .		Léon IX. Paul V.
1606	. . . . .	. . . .	.	.	.	verte. Johnston rer. Brit. XII. de Tax.	. . .	.	Trève de 20 ans entre la Porte & la Hongrie.	. . .		
1607	. . . . .	Troubles de Donawerth. Continuation de Capulus.	.	.	.		. . .	.	Pacification de Vienne, qui assure aux Protestans de Hongrie le libre exercice de leur culte.	. . .		
1609	. . . . .	Mort de Guillaume, D. de Jul. & de Clèves.	.	.	.	. . .	Trève de douze ans, conclue à Anvers.	.	Lettres de Majesté accordées aux Protestans de Bohème. Khevenhüller, Ann. de Ferdin. T. VII. p. 184.	. . .		
1610	Assassinat de Henri IV par Ravaillac.	Union évangélique, affermie à Hall.	.	Expulsion des Moris-	.	. . .		.		. . .		
1611	Louis XIII lui succède. Grammont.	Origine de la Ligue Catholique.	.	ques p. Phi-	.	. . .		.		. . .	Une nouvelle famille s'empare de la souveraineté dans le Japon.	
1612	. . . . .	Mathias, E. Khevenhüller. Annales de Fer-	.	lippe III.	.	. . .		.		. . .		
1613	. . . . .	dinand. T. VII.	.	Mémoires de Sully.	.	. . .	Liévard T. V. Grotius XVIII.	.		Avénement des Romanow au trône de Russ. Paix de Stolbova.		
1617	. . . . .	. . .	.	.	.	. . .		.			Mustapha I, E.	
1618	. . . . .	Commencement de la guerre de XXX ans. Khevenhüller.	.	.	.	. . .		.	Troubles de Bohème & de Hongrie.	. . .	Osman II, E.	
1619	. . . . .	Ferdinand II, E.	.	.	.	. . .		.	Betlem Gabor couronné R. de Hongrie.	. . .		
1620	. . . . .	Bataille de Prague.	.	.	.	. . .		.		. . .		
1621	. . . . .	. . .	.	.	.	. . .		.	Paix entre la Pologne & la Porte.	. . .		Grégoire XV.
1622	. . . . .	Bataille de Hoechst & de Wimpfen, prise de Heydelberg par Tilly.	.	.	.	. . .		.		. . .		
1623	. . . . .	Le Duc de Baviere investi de la dignité électorale.	.	.	.	. . .		.		. . .	Amurat III, E.	Urbain VIII.
1625	. . . . .	. . .	.	.	.	Charles I. Johnston. rer. Brit.		.				
1626	. . . . .	Défaite du R. de Danemarc à Luttern.	.	.	.	XXI. Larrey Histoire d'Angles.		.				
1627	. . . . .	. . .	Guerre de Mantoue.	.	.	Bosuet.		.	Les Protestans chassés de la Bohème. v. Parkrament dans Du Mont C. D. T. V.			
1628	Prise de La Rochelle, dernier bou-	Le Haut-Palatinat passe à la Mais. de Baviere.		.	.	. . .		.				
1629	levard des Huguenots. v. Grammont L. XVIII.	Paix de Lubeck avec le R. de Danem. Édit de restitution, publié par l'Emp.		.	.	. . .		.		Gustave Adolphe, R. d. Suède, fait une trève avec la Pol. pour passer en Allemagne.		
1631	Alliance conclue avec le R. de Suède.	Bataille de Leipzic.	Paix de Querasque. v. Leopold. T. I.	.	.	. . .		.				
1632	. . . . .	Bataille de Lutzen; mort du Roi de Suède.		.	.	. . .		.				
1634	. . . . .	Bataille de Nordlingen; funeste aux Suédois.		.	.	. . .		.		La Russie cède Smolensko, la Sévérie, la Czernicovie & la Livonie à la Pol. Chron. de Piasec. l'infr. dans la contin. de Mascron T. IV.		
1635	Guerre déclarée à l'Espagne.	Paix de Prague, avec l'El. de Saxe. La France envoie du secours aux Suédois.		.	.	. . .		.	Les deux Lusaces passent à la Saxe, comme fiefs du Roi de Bohème.			
1637	. . . . .	Ferdinand III, E.		.	.	. . .		.				
1638	. . . . .	Prise de Brisac, par le D. de Saxe-Weimar.		.	.	. . .		.				
1640	. . . . .	. . .		Révolte de la Catalogne & du Portugal, sous Phil. IV. Ludolph. Schaabhaer.	Avénem. de la Maison de Bragance; Jean IV, R. Paf. farell. de bello Luf. H.	. . .		.			Ibrahim, E.	
1642	. . . . .	Bataille de Leipzic.				Guerre civile contre le Roi & le Parlement. Clarendon.		.				
1643	Louis XIV, R. La Hode Hist. de Louis	. . .				. . .		.	Guerre civ. d. Hong. Ragotzki chef des mécont.	Guerre entre la Suède & le Danemarc.	Les Moscovites s'emparent de la Chine, où ils regnent encore aujourd'h. Guerre du Card. a. 1645.	Innocent X.
1644	XIV.	. . .				. . .		.				
1645	. . . . .	Bataille de Jancowitz.				. . .		.	Pacification de Presbourg; libre exercice de religion renouvellé aux Protestans.	Paix de Broemsebroë. Boeckl. Hist. de la guerre S.		
1647	. . . . .	. . .				. . .		.				
648	Brisac, Philipsbourg, le Sund-	Paix de Westphalie; fondement de la li-	Révolte de Naples; Masaniel-			Charles I décapité; Cromwel	La Hollan-	La Suisse		La Poméranie, les D.	Mahomet IV, E.	
1649	gau & l'Alsace cédés aux Français.	berté civile & ecclésiast. des Etats de l'emp.	lo, Chef			regne sous le titre de Protecteur.	de déclarée état libre &	décla-		de Bremen & de Ver-		
1650	Liévard.		des rebel- les.				indépend.	rée état libre & indép.		den cédés à la Suède.		

A.J.C.	FRANCE	ALLEMAGNE	ITALIE	ESPAGNE.	PORTUG.	GR. BRETAGNE.	PAYS-BAS.	POL. BOH. HONGR.	ROYAUMES DU NORD	ORIENT.	HIST. ECCLES.
1654									La Reine *Christine* abdique; *Charles-Gustave*, Comte Palat. de *Deux-Ponts* lui succède.		
1655											*Alexandre* VII.
1656								Bataille de *Varsovie*.			
1657								Traité de *Wélau*, le D. de *Prusse* est déclaré souverain.			
1658		*Léopold*, E. *Menkin Leben K. Leop.*							Paix de *Rotschild*, la *Scanie*, la *Hallande* & la *Blekingie* cédées aux *Suéd.*		
1659	Traité des *Pyrénées*; les Comtés de *Roussillon* & de *Conslans*, & la plus grande partie de l'*Artois* cédée à la *France. Léon. T. IV.*			Les Comtés de *Roussillon* & de *Conslans*, & plusieurs villes des *Pays-Bas* cédées aux *Franç. Léon. Traités de P. T. IV.*		Mort d'*Olivier Cromwel*; rétablissement des *Stuarts. Burnet mémoir.*					
1660								La *Pologne* cède la *Livonie* à la *Suède.* Guerre contre les *Turcs.* a. 1662.	Paix d'*Oliva*; la *Livonie* cédée à la *Suède.* Les États de *Dannem.* déférent à *Frédéric* III, leur Roi, une puissance *illimitée*, & rendent la couronne *héréditaire.* v. *Holberg Dænische Reichs-Historie, T. III.*		
1662	*Dunkerque* vendue à la *France* par l'*Angleterre. La Hode Hist. T. III.*										
1663		Commencement de la *Diète actuelle* de *Ratisbonne. Recès de l'Emp. T. IV.*			Bataille d'É-vora.			Défaite des *Turcs* près de St. *Godhart*; Trève de vingt ans conclue avec eux.			
1664					Bat. de *Villa-viciosa.*						
1665					Détrônement d'*Alfonse* VI Pier. II Rég.						
1666		Traité de *Cléves* au sujet de la succession de *Juliers*; l'*Élect.* de *Brandebourg* obtient le D. de *Cléves*, les C. de la *Mark* & de *Ravensberg*; le C. *Palat. Neubourg* reçoit les D. de *Juliers* & de *Berg. Actes publiés p. Londorp. T. IX.*									
1667					Paix de *Lisbonne* avec l'*Esp.* d'*Ast.*		Paix de *Bréda*, avec les *Anglois.*				*Clément* IX.
1668	Paix d'*Aix-la-Chapelle*; Lille & plusieurs autres villes de la *Flandre* & du *Hainaut* cédées aux *Français. Léonard, Traités de paix, T. IV.*				Paix conclue à la *Haye*, avec les *Hollandois.* v. *Theatr.* paix p. 58.		Édit perpétuel; abolition du *Stadthoudérat.*				
1669											
1670										Conquête de l'isle de *Candi*; guerre contre la *Pologne. Theatr. Europ. T. X.*	*Clément* X.
1672	Guerre contre les *Provinces - Unies.*						Irruption de *Louis* XIV. le *Stadthoudérat* rétabli, dans la pers. de *Guill* III. *Basnage Annales des Provinces-Unies. Limiers.*	Troubles de *Hongrie*; *Takoly*, Chef des mécontens			
1673					La *Bourgogne* cédée aux *Français.*						
1674		Les États de l'*Empire* s'allient à l'*Emp.* & à l'*Espagne* contre la *France.*									
1676											*Innocent* XI.
1678	Paix de *Nimegue*; la *Bourgogne* réunie à la cour. de *France. Mém. du Ch. Templ. & de DuM.*										
1680	Chambres de *Réunion.*										
1681	*Strasbourg* se rend au Roi par Capitulation.										
1683	*L'Infte. dans les rayons de Schelter sur le Cours de Ranisph.*	*Vienne* assiégée par les *Turcs.*						Nouv. guerre avec les *Turcs.*			
1684	Trève de *Ratisbonne.*										
1685	Révocation de l'*Édit* de *Nantes. La Hode*							Prise de *Bude.*			
1686	*Hist. T. IV. Limiers.*								Paix de *Moscou*, entre les *Russes* & les *Polonois*; ces derniers renoncent à leurs prétent. sur *Smolensko* & sur l'*Ukraine.*		
1687								Victoire de *Mohacz.*		*Soliman* III, E.	
1688		Grande *alliance* contre la *France.*				Détrônement du R. *Jacques* II; expulsion des *Stuarts. Burnet mémoir.*					
1689		Mort de *François-Jules*, dern. mâle de la Mais. de *Saxe Lawenbourg.*								*Achmet* II, E.	*Alexandre* VIII.
1691								Victoire de *Salankemen.*			*Innocent* XII.
1692		Érection du *IX. Électorat*, en faveur de la *Maison d'Hannovre. L'Infte. dans Lenfs Reichs-Arch. T. V.*								*Mustapha* II, E.	
1695											
1696			Paix de *Turin.*								
1697	Paix de *Ryswick*; *Strasbourg* cédée à la *France. Léonard. v. les Actes & Mém. de la paix de Ryswick.*							*Auguste*, El. de *Saxe*, élu R. de *Pol.* Bat. de *Zentha.*			
1698									Avénem. de *Pierre* I au trône de *Russie. Nestes. mém. T.2.*		
1699								Paix de *Carlowitz.*			
1700		Nouveau Calendrier des Protestans. *Theat. Europæum, T. XV.*		Mort de *Charles* II. Extinct. de la branche *Espagn.* de la Mais. d'*Autr.*				Toute la *Hongrie* en-deça du *Sau*, la *Transylvanie* & l'*Esclavonie* cédées à l'*Empereur. Theat. Europ.*	Guerre du Nord contre *Charles* XII, R. de *Suéde*; Bataille de *Narva.* Paix de *Travendal.*	*Témeswar* & la *Hongrie* au delà du *Sau*, restent aux *Turcs*; les *Polonois* obtiennent *Kaminieck* & la *Podolie*, les *Russes* *Azof*, les *Vénitiens* la *Morée.*	*Clément* XI.

C.	FRANCE.	ALLEMAGNE.	ITALIE.	ESPAGNE.	PORT.	GR. BRETAGNE.	SUISSE.	PAYS-BAS.	POL. HONG. PRUSS.	RUSSIE.	DANEM. SUÈDE.	ORIENT.	H. ECCL.
701	Commencement de la guerre pour la succession d'Espagne. Théat. Europ.	Grande alliance contre la France, signée par l'Emp. l'Anglet. & la Hollande.		Philippe V monte sur le trône; avénement de la Mais. de Bourbon. Théât. de l'Eur. T. XV.		Le Parlement arrête la succession de la Mais. d'Hannovre sur le trône d'Angleterre.			La Prusse érigée en royaume par Fréd. I. Troubles de Hongrie excités par Ragoczi.				
702	Bataille de Fridlingen.	L'Empire y accéde.											
703			Le D. de Savoie entre dans la grande alliance.		Le Roi Pierre II entre dans la grande alliance			Mort de Guillaume III Pr. d'Orange & Stadhouder.		Pierre le Gr. fait bâtir la ville de S. Petersbourg. v. Mém. de Neffiranoi, T. II.		Achmet III, E.	
704	Bataille de Hochstett.								Stanislas I, élu Roi de Pologne.				
705		Joseph I, E.							Paix d'Alt-Ranstadt; Auguste II renonce à la couronne de Pol.				
706	Bataille de Ramilli & de Turin.												
707				Bataille d'Almanza.		L'Écosse & l'Angleterre réunies en un même Parlement. Burnet Mémoir.			Le Roi de Prusse acquiert la Princip. de Neufchatel. Défaite de Ragoczi, près de Trentschin.				
708			Le D. de Mantoue confisqué au profit de l'Empereur.										
709	Bataille de Malplaquet.		Le D. de Mirandole vendu au D. de Modene.							Vict. de Pultava; époque de l'élévation de la Russie.	Défaite de Pultava; époque de la décadence de la Suéde.		
710				Bataille de Saragosse & de Villaviciosa.									
711		Charles VI, E. Theat. Eur.					Guerre civ.			Paix du Pruth; Azof rendue aux Turcs.		Journée du Pruth.	
712	Journée de Dénain.												
713	Paix d'Utrecht. La Principauté d'Orange réunie à la France. Fabri Staats-Kanzley, T. XXII.	Pragmatique Sanction réglant la succession dans les Etats d'Autriche.	Le royaume de Sicile adjugé au D. de Savoie; Milan, Naples & la Sardaigne passent à la Mais. d'Autriche.	Démembrem. des Etats de l'Italie & de la Monarchie d'Esp.		L'Isle de Minorque & la ville de Gibraltar cédées aux Anglois. George I monte sur le trône d'Angl. Avénement de la Maison d'Hannovre. Théatre de l'Europe T. XX. Fasti Europ.	de religion; Bataille de Bremgarten; Paix d'Arau.	Les Pays-B. Esp. cédés à la Maison d'Autr. Traité des Barrieres.	La Haute-Gueldre cédée au R. de Prusse, par la paix d'Utrecht.		Frédéric IV, R. de Dan. s'empare du D. de Schleswic.		
714	Paix de Rastadt & de Baden.	L'Emper. & l'Empire font la paix avec la France.					Paix de Baden. Waldkirch Eydgenossische Historia, T. II.					Guerre contre les Vénitiens; les Turcs font la conquête de la Morée.	
715	LOUIS XV, R. Philippe, Duc d'Orléans, Régent.								L'Empereur marche au secours des Vénitiens contre les Turcs.				
716													
717				Philippe V recommence la guerre.									
718	Traité d'une quadruple alliance entre la France, l'Anglet. & l'Emper. signé à Londres pour le maintien de la paix.		Le D. de Savoie échange la Sicile contre la Sardaigne, & prend le titre de Roi de Sardaigne.						Paix de Passarowitz avec les Turcs; Témeswar, Belgrad & la Servie cédées à l'Emp.		Charles XII périt au siège de Fridrichshall. Ulric Éléonore R.d.S. Le pouvoir absolu aboli en Suéde, & la succession restreinte aux mâles; Paix de Stockholm; Bremen & Verden cédés à l'El. d'Hanovre.		
719													
720				Le Roi accéde à la quadruple alliance.					Stettin, Usedom & Wollin cédées au R. de Prusse par les Suédois.		Paix de Fridrichsbourg avec le Dan. La Suéde se soumet au péage du Sund.		
721	Congrès de Cambrai.									Paix de Nystadt; la Livonie, l'Ingrie & la Carélie cédées à la Russ.			Innocent XIII.
722								Érection de la Compagnie d'Ostende.	La succession au trône de Hongrie, étendue aux femmes de la M. d'Autriche.	Pierre le Gr. prend le titre d'Emper.			
723	Mort du Régent; le Duc de Bourbon, Premier Ministre.												
724		1re paix de Vienne. Alliance entre l'Empereur & le R. d'Espagne.		Philippe V abdique & reprend la couronne.		Alliance d'Hannovre opposée à celle de Vienne.				Mort de Pierre I. Catherine I, Impératrice.	La Suéde, la France & la Grande Bretagne garantissent au Roi de Danemark la possession du D. de Schleswic.		Benoit XIII.
725													

A.J.C.	FRANCE.	ALLEMAGNE.	ITALIE.	ESPAGNE.	PORTUG.	GR. BRETAGNE.	PAYS-BAS.	POL. HONGRIE.	PRUSSE.	RUSSIE.	DAN. SUÉDE.	ORIENT.	H. ECCL.
1726	Le Cardinal de *Fleury* est mis à la tête du *Ministere*.												
1727	Préliminaires de *Paris*.												
1728	Congrès de *Soissons*.												
1729				Paix de *Séville* entre l'*Espagne*, la *France* & l'*Angl*.									
1730			Abdication de *Victor Amé II.* CHARLES EMMANUEL III, R. de *Sardaigne*.									Mahomet V, E.	Clément XII.
1731		IIde paix de *Vienne*, entre l'*Emper.* l'*Angl.* & la *Hollande*.						Abrogation de la Compagnie d'*Ostende*.					
1733	Guerre pour la succession de *Pologne*.							Stanislas I élu pour la seconde fois Roi de Pologne. La Russie lui oppose *Auguste III.* Siège de *Dantzic*.		L'Impér. *Anne* prend part à la guerre pour la succession de *Pologne*.			
1735		Préliminaires de *Vienne*.											
1736												Guerre entre les *Turcs* & les *Russes*.	
1737			FRANÇOIS D'EST, D. de *Modene*.					Erneste Jean, C. de Biron, créé D. de *Courlande*; l'*Emp.* prend part à la guerre des *Russes* contre les *Turcs*.					
1738	Cession de la *Lorraine* par la paix de *Vienne*.	Paix définitive de *Vienne*.	Les royaumes de *Naples* & de *Sicile* cédés à *Don Carlos*, Infant d'Esp. le Gr. D. de *Toscane* à *Franç. Étienne*, en équivalent au D. de *Lorraine*; *Novare* & *Tortone* au R. de *Sardaigne*.								Traité de subsides entre la *France* & la *Suéde*.		
1739				Guerre avec l'*Angleterre*.				Paix de *Belgrade*; *Belgrade* & la *Sévérie* cédées aux *Turcs*.		Paix de *Belgrade* avec les *Turcs*.			
1740		Mort de *Charles VI.* dernier mâle de la Mais. d'*Autriche-Habsbourg*; guerre pour la succession d'*Autriche*.						MARIE-THÉRÈSE, Reine de *Hongrie* & de *Bohème*.	FRÉDÉRIC II, Roi de *Prusse*.				Bénoît XIV.
1741	La *France* alliée de l'Électeur de *Baviere*.									Guerre contre la *Suéde*. Détrônement d'*Iwan*; *Élisabeth* Impératrice.			
1742		*Charles VII*, E.							Traité de *Breslau* & de *Berlin*; la *Silésie* & le Comté de *Glatz* cédés au R. de *Prusse*.	Paix d'*Abo*, avec la *Suéde*.	Une partie de la *Finlande* cédée à la *Russie*, par la *Suéde*.		
1743	Mort du Cardinal de *Fleury*.		Traité de *Worms*; différens districts du *Milanois* cédés au R. de *Sardaigne*.			George II prend part à la guerre pour la succession d'*Autr*.							
1744	Guerre déclarée à *Marie-Thérèse* & au Roi d'*Angleterre*.								Le R. hérite de la *Frise Orientale*, à la mort du dernier Prince.				
1745	Bataille de *Fontenoy*.	François, Gr. Duc de *Toscane*, de la M. de *Lorraine*, Emp.				Descente du *Prétendant* en *Écosse*.			Paix de *Dresde*.				
1746	Bataille de *Raucoux*.												
1747	Guerre déclarée à la *Hollande*; Bataille de *Laffeld*.	Transaction entre les Électeurs *Palatin* & de *Baviere*, touchant le *Vicariat* de l'Empire.					Prise de *Bergup-zoom*. Guill. IV, Stadh. des VII provinces. Le Stadhoudérat rendu héréd[it].						
1748	Paix d'*Aix-la-Chapelle*.		Les D. de *Parme*, de *Plaisance* & de *Guastalla*, cédés à *Don Philippe*.		Le titre de *Très-fidele* donné au Roi par le Pape. JOSEPH I. R.								
1750													

A.J.C.	FRANCE.	ALLEMAGNE.	ITALIE.	ESPAGNE.	PORTUG.	GR. BRETAGNE.
1751						
1754						
1755					Lisbonne bouleversée par un tremblement de terre.	
1756	Guerre déclarée à l'Angleterre; la France s'allie avec l'Autriche.					Le R. d'Angleterre contracte alliance avec le Roi de Prusse.
1757						
1758						
1759			FERDINAND IV, fils du R. d'Esp. Roi de Naples & de Sicile.	CHARLES III, R.		
1760						GEORGE III, R.
1761	Pacte de Famille entre les différentes branches de la Maison de Bourbon.					
1762				Le R. d'Esp. prend part à la guerre contre l'Angler.	Le R. de Portugal allié de l'Angleterre contre l'Esp. & la France.	
1763	Paix de Paris entre la France, l'Espagne & la Grande Bretagne. Le R. de Portugal y accède.	Paix de Hubertsbourg entre Marie-Thérèse, le R. de Prusse, & l'Elect. de Saxe.				La Floride, le Canada, le Cap Breton &c. cédés par l'Espagne & la France à la Grande Bretagne.
1764		Joseph II, couronné R. des Romains.				
1765		Mort de François I, JOSEPH II, E.	FERDINAND, D. de Parme, de Plaisance & de Guastalle. PIERRE LÉOPOLD., Archiduc d'Autriche, Grand-Duc de Toscane.			
1766						
1768						
1769						
1771						

A.J.C.	HOLL.	POLOGNE.	PRUSSE.	RUSSIE.	DANEM. SUÈDE.	ORIENT.	HIST. ECCL.
1751	GUILLAUME V. Stadhouder.				Avénement de la Maison de Holstein au trône de Suède.	Osman III, E.	
1754							
1755							
1756			Guerre contre l'Autriche, la Saxe, la Russie, la France, la Suède & les États de l'Empire.	Guerre contre le Roi de Prusse.	La Suède impliquée dans la guerre contre le R. de Prusse.	MUSTAPHA III, E.	
1757		Charles, Pr. de Saxe, créé D. de Courlande					
1758							Clément XIII.
1759							
1760							
1761				Mort d'Élisabeth; avènement de la M. de Holstein.			
1762				Paix de Petersbourg avec le Roi de Prusse. Détrônement de Pierre III. CATHÉRINE II, Impératrice.	Paix de Hambourg.		
1763		Rétablissem. du Duc de Biron dans le Duché de Courlande					
1764		Élection de STANISLAS II au trône de Pologne; commenc. des troubles actuels.					
1765							
1766					CHRÉTIEN VII, R. de Danemarc.		
1768				Guerre contre les Turcs.	Traité d'alliance entre le Danemarc & la Russie.	La Porte déclare la guerre à la Russie.	
1769		PIERRE, Duc de Courlande.					CLÉMENT XIV.
1771					GUSTAVE III, R. de Suède.		